BILL WATTER

CALVIN
et Hobbes

En avant,
tête de thon !

ÉDITIONS
HORS
COLLECTION

Du même auteur :

Adieu, monde cruel ! Tome 1
En avant, tête de thon ! Tome 2
On est fait comme des rats ! Tome 3
Debout, tas de nouilles ! Tome 4
Fini de rire ! Tome 5
Allez, on se tire ! Tome 6
Que fait la police ? Tome 7
Elle est pas belle, la vie ? Tome 8
On n'arrête pas le progrès ! Tome 9
Tous aux abris ! Tome 10
Chou bi dou wouah ! Tome 11
Quelque chose bave sous le lit ! Tome 12
Enfin seuls ! Tome 13
Va jouer dans le mixer ! Tome 14
Complètement surbookés ! Tome 15
Faites place à Hyperman ! Tome 16
La flemme du dimanche soir ! Tome 17
Gare au psychopathe à rayures ! Tome 18
Que de misère humaine ! Tome 19
Il y a des trésors partout ! Tome 20
Je suis trop génial ! Tome 21
Le monde est magique ! Tome 22
Y a des jours comme ça ! Tome 23
Cette fois, c'est fini ! Tome 24

Titre original : YUKON HO !
Copyright © 1989, Bill Watterson
Distribué dans le monde par l'Universal Press Syndicate
Copyright © 1991, Hors Collection pour l'édition française
Traduit de l'américain par Laurent Duvault
Lettrage : Martine Segard
ISBN : 978-2-258-03438-9
Numéro d'éditeur : 5924
CO3438/27

CaLViN et HoBbEs

WATTERSON

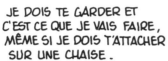

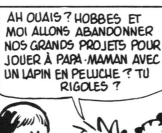

9

HÉ, CALVIN, POURQUOI T'AS AMENÉ TON TIGRE EN PELUCHE ? Y A PAS EXPOSÉ AUJOURD'HUI.

JE SAIS. HOBBES VA DONNER À MOE UN PETIT "AVERTISSEMENT"; UNE ÉVACUATION SANITAIRE EN HÉLICOPTÈRE.

AH OUAIS ? ET COMMENT IL VA FAIRE ÇA ?

SI TU NE SUPPORTES PAS D'HORRIBLES DESCRIPTIONS DE CARNAGE, J'AIME MIEUX NE PAS TE LE DIRE.

PARLER AVEC TOI, C'EST UN PEU COMME AVOIR UNE CONVERSATION SOUS-NATURELLE.

N'APPROCHE PLUS. HOBBES NE DOIT PAS SE FATIGUER AVANT CET APRÈS-MIDI.

HÉ, REGARDEZ, CALVIN A UN NOUNOURS. ÇA C'EST MEUGNON, CALVINOU...

C'EST UN TIGRE INVERTÉBRÉ DÉCÉRÉBRÉ !

PEUT-ÊTRE QU'J'AI ENVIE D'Y JOUER ?!

BONNE IDÉE, MOE. HOBBES EST UN PEU CRUEL, MAIS TRÈS AMUSANT. TIENS, PRENDS-LE.

POURQUOI ? LA PROF REGARDE ? C'EST UN PIÈGE, HEIN ? JE VAIS PAS L'TOUCHER, TON TRUC.

ALLEZ, CHICHE ! QU'EST-CE QU'IL Y A ? T'AS PEUR ?

HA HA ! ON PEUT DIRE QUE TU LUI AS FAIT PEUR ! T'AS ÉTÉ GÉNIAL !

REVIENS M'APPELER NOUNOURS SI TU L'OSES, CRÉTIN !!

J'AI PRÉVENU TA MAÎTRES-SE QUE MOE T'EMBÊTAIT, ET ELLE M'A PROMIS DE LE SURVEILLER.

JE CRAINS QUE TU AIES PERDU TON TEMPS. RIEN QU'À VOIR HOBBES, MOE A FAILLI RENDRE SON DÉJEUNER !

JE CROIS QUE MOE NE M'EMBÊ-TERA PLUS POUR UN PETIT MOMENT. C'EST PAS TOUS LES GOSSES QUI ONT UN TIGRE COMME MEILLEUR COPAIN.

...QUELLE CHANCE ONT LES AUTRES MÈRES !

VIENS, HOBBES, SI TU ME PRÊTES DE L'ARGENT, JE T'ACHÈTE UNE BD.

COMMENT VRAIMENT APPRÉCIER LES DIMANCHES, QUAND ON SAIT QU'IL FAUT ALLER À L'ÉCOLE LE LENDEMAIN ?

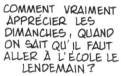

11

TOURN
TOURN
TOURN

TOURN
TOURN
TOURN

JE REFUSE DE MANGER DES CÉRÉALES QUI NE RENDENT PAS LE LAIT VIOLET.

LA TORNADE MEURTRIÈRE SE DIRIGE VERS LA PETITE VILLE !

LES TOURBILLONS DÉPASSENT LES 350 KM / H ! LA CATASTROPHE CHERCHE UN CAMPING !

SOUDAIN, ELLE TROUVE SA PROIE ! DES DÉBRIS SONT PROJETÉS À DES KILOMÈTRES À LA RONDE !

QUAND VAS-TU RANGER TA CHAMBRE ? ON DIRAIT QU'...

...UNE TORNADE EST PASSÉE, HEIN ?

YOUPI ! C'EST SAMEDI !!

QU'EST-CE QUI SE PASSE ? POURQUOI Y A PAS DE DESSINS ANIMÉS MAIS JUSTE LA MIRE ?

SUR LE PROGRAMME, ÇA NE COMMENCE QU'À 6H30.

ZUT, C'EST DANS 45 MINUTES. BON, ALLEZ, ON FAIT LA COURSE DANS L'ESCALIER !

POURQUOI NE SE LÈVE-T-IL JAMAIS LES JOURS D'ÉCOLE ?

VA CASSER SES PETITES JAMBES CHÉRIE.

BANG!
BONK

MAUVAISES NOUVELLES DE TA CAMPAGNE, PAPA !

AH?

OUAIP. LE PUBLIC S'INTÉRESSE CETTE ANNÉE AU PERSONNAGE, PAS AUX FAITS.

ET POURQUOI EST-CE UNE MAUVAISE NOUVELLE ?

C'EST QUI CETTE GRELUCHE SUR CETTE PHOTO D'ÉCOLE ?

CETTE "GRELUCHE", C'EST TA MÈRE !

QUI EST UNE GRELUCHE ?

SUPER COUPE DE TIFS FUNKY, M'MAN !

C'EST LA TRISTE VÉRITÉ. TOUT LE MONDE SE FICHE DE TES OPINIONS SUR LA PATERNITÉ. ILS VEULENT TE CONNAÎTRE.

SI TU VEUX ÊTRE PAPA ICI, ON DOIT SAVOIR SI TU N'AS JAMAIS FAIT OU DIT QUELQUE CHOSE QUI TRAHIRAIT TON IMAGE.

J'AI TON ALBUM PHOTO DU LYCÉE. ÉTUDIONS-LE, TU VEUX ?

C'EST TOI. AVEC CE TONNEAU ET CE T-SHIRT "TOUS À POIL" ?

DONNE-MOI ÇAAA !

PAPY DIT QUE LA BD ÉTAIT BIEN MEILLEURE AVANT, QUAND LES JOURNAUX EN PUBLIAIENT PLUS

IL DIT QUE MAINTENANT C'EST TOUJOURS LES MÊMES DESSINS AVEC JUSTE LES TEXTES QUI CHANGENT.

IL PENSE QUE LES GENS DEVRAIENT ÉCRIRE POUR SE PLAINDRE.

TON PAPY PREND LA BD TRÈS AU SÉRIEUX.

OUI, MAMAN LUI CHERCHE UN ASILE.

17

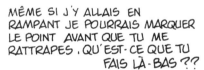

SALUT, SUZIE. T'AS QUOI, À DÉJEUNER ?

NE ME PARLE MÊME PAS. JE NE VEUX PAS SAVOIR SI MON DÉJEUNER EST DÉGOÛTANT OU PAS. MOI, IL ME VA COMME ÇA.

RELAX. JE N'ALLAIS MÊME PAS T'EN PARLER. PASSE-MOI LE SEL, S'IL TE PLAÎT.

TIENS.

MERCI. LES CHENILLES SONT TELLEMENT MOLLES AVANT D'ÊTRE ASSAISONNÉES...

JE SUIS LÀ!

BOINGGF

POW!

J'AI LU QUE LA COLONNE VERTÉBRALE DES TIGRES RESSEMBLAIT À UN GROS RESSORT.

J'AI LU QUE LEUR CERVEAU RESSEMBLAIT À UN GROS BOL DE TAPIOCA!

BEURK! COMBIEN DE TEMPS VONT-ILS ENCORE S'EMBRASSER? L'ÉMISSION NE DURE QU'UNE HEURE!

BAAAH! REGARDEZ-LES SE LÉCHER LA POIRE! POUR QUOI FAIRE? ILS AIMENT ÇA, OU QUOI?

AU LIT!

C'EST UN SUJET ÉPINEUX, JE LE SAVAIS.

ARRÊTE DE GIGOTER, TU ES DE MON CÔTÉ!

CAUSE TOUJOURS, TÊTE À POILS!

T'AS DÉJÀ PENSÉ AUX GEYSERS ET AUX CASCADES? DES CENTAINES DE MILLIERS DE LITRES D'EAU QUI GOUTTENT, COULENT, BOUILLONNENT ET TOURBILLONNENT.

ÇA, C'EST UN COUP BAS!

SPIFF LE SPATIONAUTE FUIT LES MÉPRISABLES ÊTRES DE LA PLANÈTE Q-13!

PAR UNE MANOEUVRE SURPRISE, NOTRE HÉROS SE RETOURNE POUR LES AFFRONTER, LE DOIGT CRISPÉ SUR LA GÂCHETTE DU RAYON DE LA MORT!

IL NE MARCHE PLUS! SPIFF ESSAYE SON FAISCEAU RÉTROPULSEUR. EN VAIN! NI LES PHOSPHO-BOMBES NI LES MORDO-BLASTERS ... PLUS RIEN NE MARCHE!

1515! VILLE-NEUVE-D'ASQ! DÉCALITRE! CHRYSANTHÈME! RAVAILLAC!

PEUT-ÊTRE QUE QUELQU'UN QUI *SUIT* POURRAIT AIDER CALVIN?

Z

YAAHH!

À CHAQUE FOIS, J'OUBLIE QUE CINQ DE SES SIX EXTRÉMITÉS SONT POINTUES QUAND IL EST COUCHÉ COMME ÇA!

CaLViN et HObbES   WATTERSON

Au début il n'y avait rien...

...puis vint Calvin !

Calvin, le dieu suprême, créa l'univers par sa volonté !

Du vide complet arriva une forme grouillante ! La vie commence là où n'était rien.

Mais Calvin n'est pas un dieu tendre et aimant ! C'est l'un de ces vieux dieux qui demandent des sacrifices.

Oui, Calvin est un dieu des ténèbres ! Et les petits habitants de la terre l'ennuient.

Le grand Calvin ignore leurs suppliques et les damnés disparaissent dans l'agonie.

TU AS VU COMME CALVIN EST CONCENTRÉ QUAND IL JOUE ? IL CRÉE DE VÉRITABLES PETITS MONDES !

PLUS GRAND, ON EN FERA UN ARCHITECTE.

CALVIN et HOBBES

WATTERSON

YAWN

SCRITCH SCRATCH

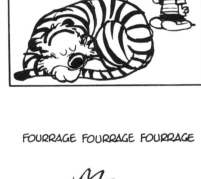

ÇA C'EST UN SOUPIR QUI M'ENLÈ-VERA QUELQUES ANNÉES DE PURGATOIRE

ILS DISENT QUE LE PÈRE NOËL SAIT SI TU AS ÉTÉ GENTIL OU MÉCHANT. MAIS SI QUELQU'UN A ÉTÉ UN PEU DES *DEUX*?

SUPPOSONS QU'UN GARÇON A *ESSAYÉ* D'ÊTRE SAGE... EN TOUT CAS LE PLUS SOUVENT... MAIS QUE DES BÊTISES CONTINUENT À ÊTRE INEXPLICABLEMENT COMMISES?

SUPPOSONS QU'UN GARÇON AIT LA GUIGNE, IL SERA ACCUSÉ DE PLEIN DE CHOSES QU'IL N'A *PAS VRAIMENT* FAITES EXPRÈS?

DE QUI EST-CE QU'ON PARLE?

C'EST JUSTE UNE HYPOTHÈSE D'ÉCOLE, MONSIEUR IDÉES COURTES.

TOUT CE TRUC DE PÈRE NOËL N'A PAS DE SENS.

POURQUOI TOUS CES SECRETS? POURQUOI TOUS CES MYSTÈRES? SI CE GARS EXISTE, POURQUOI IL NE SE MONTRE JAMAIS POUR LE PROUVER?

ET S'IL N'EXISTE *PAS*, À QUOI RIME TOUT ÇA?

J'SAIS PAS... C'EST PAS UNE FÊTE RELIGIEUSE?

OUAIS. MAIS IL SE TROUVE QUE J'AI LES MÊMES QUESTIONS POUR DIEU.

DIS DONC, HOBBES, ET SI JE N'AVAIS PAS DE CADEAUX PARCE QUE J'AI DOUTÉ DE L'EXISTENCE DU PÈRE NOËL?

ET S'IL METTAIT MON NOM SUR LA LISTE NOIRE? ÇA SERAIT HORRIBLE!

PERSONNELLEMENT, JE NE CROIS PAS QU'IL T'Y METTRAIT SI TU N'Y ÉTAIS PAS DÉJÀ.

MERCI POUR LE RÉCONFORT, TÊTE DE THON!!

TU *VOIS*? VOILÀ POURQUOI T'Y ES DÉJÀ: LES INSULTES!

CALVIN et HOBBES

WATTERSON

VOILÀ UNE BOÎTE DE CRAYONS. J'AI BESOIN D'ILLUSTRATIONS POUR LA NOUVELLE QUE J'ÉCRIS.

TU SAIS DES- SINER AUTRE CHOSE QUE DES TIGRES ?

SÛR ! DES LÉOPARDS ! DES PUMAS... DE- MANDE.

TIENS, PAPA, LIS-NOUS *CETTE* HISTOIRE, CE SOIR. JE L'AI ÉCRITE ET HOBBES L'A ILLUSTRÉE.

HUM... BON...

"LE PAPA QUI REGRETTA D'AVOIR MALTRAITÉ SON FILS."

POURQUOI TU T'ARRÊTES ? CONTINUE !

Le papa de Barney était très méchant. Alors Barney prépa-ra un plan. Quand son papa lui dit "mange tes petits pois !", Barney cria "NON !" et s'enfuit.

Petits pois

Barney

Barney roula son vilain papa et l'enferma dans la cave. Sa maman ne trouva pas où il était parti parce que Barney ne lui dit jamais.

Porte

Clé

Là, son papa passa sa vie à manger des souris et du gruau. Pendant cinquante ans, chaque bouchée lui fit regretter sa méchanceté. FIN.

Le papa de Barney

souris

TU SAIS QUE BEAUCOUP D'HISTOI-RES ONT UNE MORALE ?

ÇA VA ! J'AI COMPRIS !

WATTERSON & HOBS

x

TU AS PRIS DE BONNES RÉSOLUTIONS POUR CETTE ANNÉE?

BEURK! NON!

JE SUIS PARFAIT AINSI! POURQUOI CHANGER?

EN FAIT, JE PENSE QU'IL EST GRAND TEMPS QUE LE MONDE CHANGE UN PEU. PAS TOUJOURS À MOI DE FAIRE UN EFFORT!

SI DE BONNES RÉSOLUTIONS DOIVENT ÊTRE PRISES, UN PEU AUX AUTRES. JE N'AI PAS À M'AMÉLIORER, MOI!

ET TOI? QU'EST-CE QUE TU AS DÉCIDÉ?

BEN, J'AVAIS PROMIS D'ÊTRE MOINS CHOQUÉ PAR LA NATURE HUMAINE, MAIS JE CROIS QUE C'EST RATÉ.

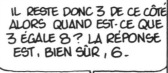

ON GÈLE DANS CETTE MAISON ! QUELQU'UN A DÉRÉGLÉ LE THERMOSTAT, POURQUOI PERSONNE NE FAIT DU FEU ?!

SI ON PEUT MÊME PAS SE PAYER LE CHAUFFAGE, FAUDRAIT PEUT-ÊTRE PENSER À CHERCHER UN AUTRE BOULOT ! POURQUOI NE PAS DÉMÉNAGER EN FLORIDE ?!

CALVIN, TAIS-TOI ET METS UN PULL SI TU AS FROID.

ET OUBLIER TOUS LES PROBLÈMES ?

J'AI LU QUE LES FOYERS PASSAIENT EN MOYENNE 7H30 PAR JOUR DEVANT LA TÉLÉ.

MAMAN DIT QU'ELLE NE LA REGARDE JAMAIS QUAND JE SUIS À L'ÉCOLE...

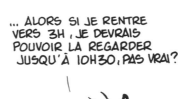

... ALORS SI JE RENTRE VERS 3H, JE DEVRAIS POUVOIR LA REGARDER JUSQU'À 10H30, PAS VRAI ?

FAUX.

TU VEUX QU'ON DEVIENNE SOUS-DOUÉS ?

MAMAN, LA LESSIVE EST FINIE.

BON.

TU NE VAS PAS LA FAIRE SÉCHER ?

UNE MINUTE.

TU VEUX DIRE QUE TU VAS LA LAISSER DANS LA MACHINE À LAVER ?!

CALVIN, TU NE VOIS PAS QUE JE TRAVAILLE ??

ELLE DIT: "PLUS TARD."

J'ESPÈRE QU'À SON PROCHAIN BAIN, IL N'Y AURA PLUS DE SERVIETTES.

CALVIN et HOBBES

WATTERSON

DEUX POIGNÉES DE POUDREUSE... UNE DE GLACE... UNE DE NEIGE TASSÉE... UN PEU DE DÉBRIS ASSORTIS...

ROULEZ-LA, ET LANCEZ-LA TRÈS FORT SANS PRÉVENIR.

OH LA LA ! VOILÀ SUSIE !

HÉ, SUSIE !

WHAP !

HA HA ! JE T'AI EUE, FILLE STUPIDE !!

AUGHH ! MON ŒIL ! J'AI PERDU MON ŒIL !

QU'EST-CE QUE TU RACONTES ? JE T'AI EUE PAR-DERRIÈRE.

LE CHOC L'A ÉJECTÉ ! RETROUVE-LE ET ENVELOPPE-LE DE NEIGE POUR LA GREFFE ! BOUH, BOUH !

EH BEN, TU AS VRAIMENT PERDU TON ŒIL ? JE SAVAIS PAS QUE C'ÉTAIT POSSIBLE ! EUH... JE SUIS DÉSOLÉ ! JE LE VOULAIS PAS. JE PEUX VOIR L'ORBITE ? OÙ TU CROIS QU'IL A ROULÉ ?

WATTERSON

PAR LÀ, TÊTE DE POULPE !

BOOT

QU'EST-CE QUE TU AS ?

MON ŒIL EST TOMBÉ ! AIDE-MOI À LE CHERCHER.

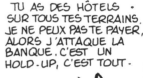

ON DOIT RENDRE NOTRE DEVOIR SUR MERCURE, TU AS FINI TA MOITIÉ ?

BIEN SÛR ! MA MOITIÉ VA ÉCLIPSER LA TIENNE !

ÇA VAUDRAIT *MIEUX*... SINON !

LA PLANÈTE MERCURE
Le RAPPORT DÉFINITIF SUR LA QUESTION, PAR CALVIN.

" ...AINSI, LA PLANÈTE MERCURE EST-ELLE UN MONDE CHAUD ET DÉSERT, LE PLUS PROCHE DE NOTRE SOLEIL."

ET POUR NOUS PARLER DE LA MYTHOLOGIE DE MERCURE, VOICI MON PARTENAIRE, CALVIN !

MERCI, MERCI ! HÉ, IL Y A FOULE ! VOUS ALLEZ BIEN ?... ALLEZ, SANS MENTIR, VOUS ÊTES SUPER. APPLAUDISSEZ-VOUS !

VOUS SAVEZ, IL M'EN EST ARRIVÉ UNE BIEN BONNE, HIER, EN ALLANT À LA BIBLIO...

JE N'Y SUIS POUR RIEN, MADAME !

LA PLANÈTE MERCURE FUT BAPTISÉE D'APRÈS UN DIEU ROMAIN AUX PIEDS AILÉS.

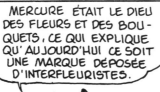

MERCURE ÉTAIT LE DIEU DES FLEURS ET DES BOUQUETS, CE QUI EXPLIQUE QU'AUJOURD'HUI CE SOIT UNE MARQUE DÉPOSÉE D'INTERFLEURISTES.

ALORS POURQUOI ONT-ILS DONNÉ SON NOM À UNE PLANÈTE ? FRANCHEMENT, JE N'EN SAIS RIEN.

"... HUM... À TOI, SUSIE.

TU AURAIS DÛ VOIR LE CHAMBARD QUAND J'AI LU MA MOITIÉ DE L'EXPOSÉ.

JE N'AVAIS JAMAIS VU SUSIE DANS CET ÉTAT, ELLE M'A ACCUSÉ DE N'AVOIR RIEN FAIT ET A AFFIRMÉ QUE J'AVAIS TOUT INVENTÉ.

ET ALORS ?

J'AI JUSTE PRIS QUELQUES LIBERTÉS CRÉATRICES...

ET ILS ONT APPELÉ TA MÈRE POUR QUELQUES LIBERTÉS CRÉATRICES ?

SUSIE, À CÔTÉ, C'ÉTAIT RIEN...

JE DÉTESTE QUAND LES CACAS DE NEZ GÈLENT. PAS VOUS ?

NOUS Y VOILÀ. FACE À LA PENTE SUICIDAIRE, PRÊTS À NOUS ÉLANCER À DES VITESSES MORTELLES SUR UNE LUGE QUI TIENT À PEINE LA ROUTE.

RISQUER SA VIE ET SES MEMBRES, REGARDER LA MORT DROIT DANS LES YEUX !

POURQUOI ? POURQUOI COURIR CE RISQUE ?

PARCE QU'ON EST PAYÉS, J'ESPÈRE !

PARCE QUE C'EST COMME ÇA !

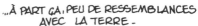

REGARDE LA PERFECTION ULTIME DE LA TECHNOLOGIE.

UN PISTOLET À EAU ?

NON ! CECI EST LA NOUVELLE VERSION AMÉLIORÉE DU TRANSMUTATEUR.

POUR TRANSMUTER, IL SUFFIT DE VISER. DISONS QUE TU N'AIMES PAS LA COULEUR DU COUVRE-LIT. BEN, TU TIRES ET AUSSITÔT TU EN FAIS UN IGUANE !

J'IMAGINE LA MYRIADE D'UTILISATIONS POSSIBLES D'UN FAISEUR D'IGUANES PORTABLE.

PAS FORCÉ D'ÊTRE UN IGUANE. ÇA PEUT FAIRE N'IMPORTE QUOI. IMAGINE QUE MAMAN NOUS EMBÊTE...

COMMENT CE PISTOLET TRANSMUTATEUR SAIT EN QUOI TRANSMUTER LE SUJET ?

TÉLÉPATHIE.

LE PISTOLET LIT AUTOMATIQUEMENT LES ONDES DE TON CERVEAU ET TRANSFORME L'OBJET EN CE QUE TU VEUX.

C'EST FOU !

BEN, ÇA M'A PRIS TOUTE UNE MATINÉE POUR L'INVENTER.

BON, DISONS QUE JE PENSE À UN GROS TAS DE THON GRILLÉ....

ATTENTION OÙ TU VISES ! ATTENTION OÙ TU VISES !

D'ACCORD. ESSAYONS LE TRANSMUTATEUR !

JE VEUX ÊTRE UN PTÉRODACTYLE, ALORS PENSES-Y ET POINTE-LE SUR MOI.

ÇA VA ÊTRE SUPER. JE VAIS TERRORISER UN PEU LE QUARTIER ET TU ME RETRANSFORMERAS QUAND LES POMPIERS ARRIVERONT.

C'EST QUOI UN PTÉRODACTYLE ? UN INSECTE ?

NON, NON ! C'EST UN DINOSAURE VOLANT ! NE TIRE PAS SI TU NE SAIS PAS !

62

Achevé d'imprimer en décembre 2013 par la **N**ouvelle **I**mprimerie **L**aballery - 58500 Clamecy - 312009 - Dépôt légal : juin 1994

Suite du premier tirage
Hors Collection un département de   place des éditeurs